AUTORES:

JOSÉ MARÍA CAÑIZARES MÁRQUEZ
CARMEN CARBONERO CELIS

COLECCIÓN: MANUALES PARA PADRES SOBRE ACTIVIDAD FÍSICA, SALUD Y EDUCACIÓN EN LOS NIÑ@S

CÓMO MEJORAR LAS HABILIDADES Y DESTREZAS DE TU HIJO

COLECCIÓN MANUALES PARA PADRES SOBRE ACTIVIDAD FÍSICA, SALUD, Y EDUCACIÓN EN LOS NIÑ@S

CÓMO MEJORAR LAS HABILIDADES Y DESTREZAS DE TU HIJO.

AUTORES

José Mª Cañizares Márquez

- Catedrático de Educación Física
- Tutor del Módulo del Practicum del Master de Secundaria
- Especialista en preparación de opositores
- Autor de numerosas obras sobre Educación y Preparación Física

Carmen Carbonero Celis

- D. E. A. en Instituciones Educativas
- Licenciada en Pedagogía
- Maestra de Primaria y Secundaria en centros de Educación Compensatoria
- Didacta presencial del Módulo de Pedagogía General en el CAP
- Profesora de Pedagogía Terapéutica en Centro Educación Primaria

Título: CÓMO MEJORAR LAS HABILIDADES Y DESTREZAS DE TU HIJO.

Autores: José Mª Cañizares Márquez y Carmen Carbonero Celis
Editorial: WANCEULEN EDITORIAL

Sello Editorial: WM EDICIONES

Dirección Web: www.wanceuleneditorial.com, www.wanceulen.com,

Email: info@wanceuleneditorial.com

I.S.B.N. (PAPEL): 978-84-9993-562-1

I.S.B.N. (EBOOK): 978-84-9993-586-7

©Copyright: WANCEULEN S.L.

Primera Edición: Año 2017

Impreso en España

WANCEULEN S.L. C/ Cristo del Desamparo y Abandono, 56   41006 SEVILLA

Reservados todos los derechos. Queda prohibido reproducir, almacenar en sistemas de recuperación de la información y transmitir parte alguna de esta publicación, cualquiera que sea el medio empleado (electrónico, mecánico, fotocopia, impresión, grabación, etc), sin el permiso de los titulares de los derechos de propiedad intelectual. Cualquier forma de reproducción, distribución, comunicación pública o transformación de esta obra solo puede ser realizada con la autorización de sus titulares, salvo excepción prevista por la ley. Diríjase a CEDRO (Centro Español de Derechos Reprográficos, www.cedro.org) si necesita fotocopiar o escanear algún fragmento de esta obra.

ÍNDICE

INTRODUCCIÓN 7

1. HABILIDADES Y DESTREZAS MOTRICES. CONCEPTO, ANÁLISIS Y CLASIFICACIÓN. 9

    1.1. Habilidad y destreza motriz. Concepto. 9

    1.2. La habilidad motriz en el Diseño Curricular. 10

    1.3. Habilidad y destreza motriz. Análisis de las más frecuentes. 12

        1.3.1. Habilidades y destrezas básicas. 12

        1.3.2. Habilidades genéricas. 15

    1.4. Habilidad y destreza motriz. Clasificación. 17

2. - TAREAS MOTRICES. CONCEPTO, ANÁLISIS Y CLASIFICACIÓN. 21

    2.1. Tareas motrices. Concepto. 21

    2.2. Tareas motrices. Análisis y Clasificación. 21

3. ACTIVIDADES PARA SU DESARROLLO. 23

CONCLUSIONES 25

BIBLIOGRAFÍA 25

WEBGRAFÍA 27

INTRODUCCIÓN

Las habilidades y destrezas básicas son aquellos movimientos que se llevan a cabo de forma natural y que suponen la estructura cinética primaria que todo ser humano requiere como soporte de su vida, al margen de que siga o no realizando actividades físicas de forma metódica. Es, en suma, el repertorio básico de todas las acciones motrices, por muy complejas que sean.

La corriente "**Habilidades y Destrezas**" proviene de la americana "learning motor", (aprendiendo, practicando, lo motor), que trata de dotar al individuo de un gran acervo motor a partir del cual pueda, posteriormente, optimizar al máximo su potencial.

Si niños y niñas las practican eficazmente en los periodos críticos mejorarán su disponibilidad y competencia motriz, sobre todo cuando traten de aprender las habilidades específicas o deportivas. No olvidemos que la iniciación deportiva supone el comienzo del trabajo con las habilidades específicas, pero para ello debemos basarnos en un trabajo previo de las genéricas, básicas y perceptivo-motrices (Giménez, 2003).

Precisamente, las edades propias de la etapa Primaria resultan **concluyentes** para el desarrollo equitativo y óptimo de las áreas cognoscitiva, afectiva y motriz de la conducta humana, aunque también influyen las oportunidades que les demos para la práctica motriz en los tres tiempos pedagógicos.

En este sentido, el R.D. 126/2014, indica que "*la propuesta curricular de la Educación Física debe permitir organizar y secuenciar los aprendizajes que tiene que desarrollar el alumnado de Educación Física a lo largo de su paso por el sistema educativo, teniendo en cuenta su momento madurativo del alumnado, la lógica interna de las diversas situaciones motrices, y que hay elementos que afectan de manera transversal a todos los bloques como son las capacidades físicas y las coordinativas, los valores sociales e individuales y la educación para la salud*".

Las **tareas** son las situaciones prácticas que planteamos al alumnado durante las sesiones de clases (Fernández García, -coord.- 2002). En muchas ocasiones el término "tarea" aparece ligado al de "habilidad", lo cual no es pertinente desde la perspectiva didáctica. La confusión viene dada porque las operaciones que configuran una tarea motriz son reducibles a movimientos observables -habilidades motrices- (Galera, 2001).

1. HABILIDADES Y DESTREZAS MOTRICES. CONCEPTO, ANÁLISIS Y CLASIFICACIÓN.

Durante nuestra vida aprendemos un sinfín de habilidades que nos permiten mejorar nuestra relación con el entorno. Por ejemplo, sentarnos, andar, cocinar, conducir, etc. (Riera, 2005).

En nuestro ámbito, habilidades y destrezas suelen ir unidos, como expresa Sánchez Bañuelos (1992). No obstante, dentro del confusionismo terminológico existente, el término **destreza**, en los últimos años, tiende a utilizarse en movimientos que implican manipulaciones (Serra, 1987, 1991 y 1994).

1.1. HABILIDAD Y DESTREZA MOTRIZ. CONCEPTO.

Sánchez (1992), especifica que las habilidades motrices son **conjuntos** organizados **jerárquicamente** y compuestos por módulos que se integran unos con otros. Estos son requisitos previos para lograr nuevas adquisiciones. Por ello, el aprendizaje de una nueva habilidad no se forma desde "la nada", sino a partir de adaptaciones, modificaciones y rectificaciones (tratamiento educativo del error) de otras ya adquiridas y que constituyen el repertorio motor del individuo que usará en el juego habitual, sobre todo en su tiempo de ocio. Por lo tanto, la **transferencia** positiva de aprendizajes de habilidades previas, su **jerarquía** y el **constructivismo** son tres de sus principales características.

En cuanto a las definiciones, recogemos lo expresado por los autores más reconocidos:

- **Bárbara Knapp** (1981). *"Es la capacidad, adquirida por aprendizaje, de producir unos resultados previstos con el máximo de certeza y con el mínimo dispendio de tiempo, de energía o ambas cosas".*

- **Simonet** (1985). *"La noción de habilidad motriz (motor skill) recoge en su sentido estricto la idea de maestría en la realización de una tarea, es decir, adquisición de cierto grado de eficacia".*

- **R. Singer** (1986). *"Habilidad es la eficacia en una tarea o conjunto de ellas".*

- **Serra** (1987, 1991 y 1994). Se basa en autores como Guthrie, Cratty, Knapp, Mc Clenaghan, Lawther y Gallahue, entre otros. Determina que "h*abilidad motriz es la maestría en la realización de una tarea que requiera movimiento y que es preciso hacerla con eficiencia, con intención, con un objetivo concreto, en poco tiempo, y utilizando la mínima energía posible".* Es el cuerpo sólo, sin móvil y realizando un gesto técnicamente bueno, por ejemplo saltar adelante con dos pies juntos. En cambio, *"destreza motriz es un término que significa manipulación de un móvil: pelota, soga, aro, etc.".* Por ejemplo, lanzar una pelota con una mano por encima del hombro.

- **Gil Madrona** (2003). La entiende como *"la facilidad y la precisión que se necesita para la ejecución de diversos actos".*

- **Riera** (2005). *"Tarea motriz realizada por alguien con eficacia. No obstante, cuando se hace la relación con el entorno es global y no únicamente motriz".*

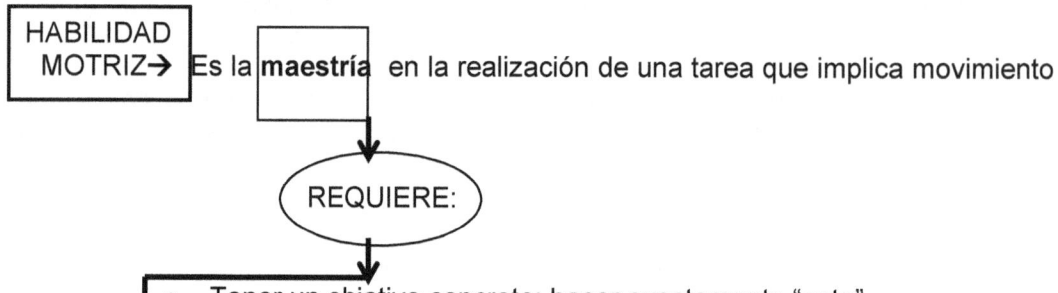

Gutiérrez (2004), citando a diversos autores, indica una serie de **características** que debe incluir cualquier definición de habilidad motriz:

- **Finalista**, por lo que tratan de conseguir un objetivo.
- **Organizadas**, con unas estructuras jerárquicas, de menos a más complejidad.
- **Competencia**, aprendidas para dar solución a un problema motor.
- **Eficiencia**, poco gasto energético y gran precisión.
- **Flexibilidad** y **adaptabilidad**, no debemos ser rígidos a la hora de la respuesta motriz.

Por otro lado, **Coordinación y Equilibrio** están íntimamente ligados a las habilidades motrices, debido a que son "*aptitudes funcionales o capacidades*" que facilitan el aprendizaje de nuevas habilidades (Riera, 2005).

1.2. LA HABILIDAD MOTRIZ EN EL DISEÑO CURRICULAR.

En Andalucía, la O. de 17/03/2015 nos indica que "*la Educación física permite al alumnado indagar en sus habilidades y destrezas motrices y las lleva a la práctica en situaciones de enseñanza/aprendizaje variadas. Las experiencias individuales y colectivas permiten adaptar las respuestas a los diferentes contextos, de esta forma atiende a las dimensiones de la personalidad: sensorial, cognitiva, afectiva, comunicativa, estética, de la salud, moral, social y creativa. Este área es un verdadero motor de formación integral y permanente, ya que a partir de propuestas de tareas competenciales dinámicas y variadas servirá para instrumentalizar en otras áreas actitudes que ayuden a afrontar los retos que en ellas se destilen, sobrepasando su plano motriz inicial. La actividad física tiene un valor educativo muy importante, tanto por las posibilidades de exploración que propicia como por las relaciones lógicas que el sujeto establece en las interacciones con los objetos, el medio, los otros y consigo mismo. Así, por ejemplo, los alumnos y alumnas construyen sus primeras nociones topológicas, temporales, espaciales o de resolución de problemas en actividades que emprende con otros en diferentes situaciones motrices*".

Ahora relacionamos los elementos curriculares:

a) **Competencias clave**. Está relacionado con las **competencias sociales y cívicas**. Las actividades dirigidas a la adquisición de las habilidades motrices requieren la capacidad de asumir las diferencias así como las posibilidades y las limitaciones propias y ajenas. El cumplimiento de las normas que rigen los juegos colabora con la aceptación de códigos de conducta para la convivencia.
El **sentido de iniciativa y espíritu emprendedor** en la medida en que emplaza al alumnado a tomar decisiones con progresiva autonomía en situaciones en las que debe manifestar auto superación, perseverancia y actitud positiva. También lo hace, si se le da protagonismo al alumnado en aspectos de organización individual y colectiva de las actividades físicas, deportivas y expresivas.
Competencia digital en la medida en que los medios informáticos y audiovisuales ofrecen recursos cada vez más actuales para analizar y presentar infinidad de datos que pueden ser extraídos de las actividades físicas, deportivas, competiciones, etc. El uso de herramientas digitales que permitan la grabación y edición de eventos (fotografías, vídeos, etc.) suponen recursos para el estudio de distintas acciones llevadas a cabo.
Competencia matemática y competencias básicas en ciencia y tecnología. Un buen nivel coordinativo y perceptivo dará lugar a una mayor facilidad en el dominio de las relaciones espaciales, cuantificación y cálculos, magnitudes, comprensión de la perspectiva, lectura de mapas, escenas tridimensionales, formas geométricas, etc.

b) **Objetivos de Etapa**. La habilidad está relacionada con el objetivo "k": "valorar la higiene y la salud, aceptar el propio cuerpo y el de los otros, respetar las diferencias y utilizar la educación física y el deporte como medios para favorecer el desarrollo personal y social", habida cuenta la habilidad motriz está presente en las prácticas de juegos que nos llevan a aceptar el propio cuerpo y el de los demás y su uso para el desarrollo personal y social.

- **Objetivos de Área**. Algunos tienen **relación** directa con las capacidades coordinativas. Por ejemplo, el "1", que trata sobre el conocimiento del propio cuerpo y disfrutar de sus capacidades motrices; el "2", sobre el uso de habilidades motrices y la adaptación del movimiento.
- **Contenidos**. Este tema está relacionado con el primer bloque de **contenidos**, "El cuerpo y sus habilidades perceptivo motrices" porque este tema trata del desarrollo de los contenidos básicos de la etapa que servirán para posteriores aprendizajes más complejos, donde seguir desarrollando una amplia competencia motriz.
- **Criterios de evaluación**. También algunos criterios y estándares de aprendizaje hacen referencia a coordinación y equilibrio. Por ejemplo, el 1: "Resolver situaciones motrices con diversidad de estímulos y condicionantes espacio-temporales, seleccionando y combinando las habilidades motrices básicas y adaptándolas a las condiciones establecidas de forma eficaz.
- **Estándares de aprendizaje**. Ponemos algunos ejemplos:
    1.1. Adapta los desplazamientos a diferentes tipos de entornos y de actividades físico deportivas y artístico expresivas ajustando su realización a los parámetros espacio-temporales y manteniendo el equilibrio postural.
    1.2. Adapta la habilidad motriz básica de salto a diferentes tipos de entornos y de actividades físico deportivas y artístico expresivas, ajustando su realización a los parámetros espacio-temporales y manteniendo el equilibrio postural.

1.3. Adapta las habilidades motrices básicas de manipulación de objetos (lanzamiento, recepción, golpeo, etc.) a diferentes tipos de entornos y de actividades físico deportivas y artístico expresivas aplicando correctamente los gestos y utilizando los segmentos dominantes y no dominantes.

1.4. Aplica las habilidades motrices de giro a diferentes tipos de entornos y de actividades físico deportivas y artístico expresivas teniendo en cuenta los tres ejes corporales y los dos sentidos, y ajustando su realización a los parámetros espacio temporales.

1.5. Mantiene el equilibrio en diferentes posiciones y superficies.

Por otro lado, el R.D. 126/2014, indica que uno de los elementos curriculares de la Educación Física pasa por la creación de "cinco tipos de situaciones motrices". Una de ellas está muy relacionada con la habilidad motriz, como son las "acciones motrices individuales en entornos estables".

1.3. HABILIDAD Y DESTREZA MOTRIZ. ANÁLISIS DE LAS MÁS FRECUENTES.

Para tratar este apartado y el siguiente resumimos a Wikstrom (1990), Trigueros y Rivera (1991), Sánchez Bañuelos (1992), Arráez y otros, (1995), Cañizares, (1999), Díaz Lucea (1999), Batalla (2000), Ruiz Pérez (2000), Cepero (2000), Conde y Viciana (2001), Ruiz Pérez -coor- (2001), Fernández García -coor- (2002), Gil Madrona (2003), Sánchez Bañuelos y Fernández García -coords.- (2003), Hernández y Velázquez (2004), Gutiérrez (2004), Velázquez y Martínez, (2005), Oña (2005), Rigal (2006), Bueno, Del Valle y De la Vega (2011) y Zagalaz, Cachón y Lara, (2014).

Nos referimos ahora a los conjuntos de habilidades y destrezas básicas y genéricas, habida cuenta que las perceptivo motrices se tratan en los temas 10 y 11 y las específicas o deportivas en el Tema 14. (Consultar las clasificaciones en el punto 1.3).

1.3.1. HABILIDADES Y DESTREZAS BÁSICAS.

Son gestos primarios con cierta independencia y de su combinación surgen otros más complejos de rango superior (habilidades genéricas y específicas). Suele decirse que es el "alfabeto de la motricidad humana". Se basan en las perceptivo-motrices, es decir, conocimiento del propio cuerpo/espacio/tiempo. Ahora vemos los cuatro **grupos** clasificatorios.

a) **Los desplazamientos**

Los desplazamientos son toda progresión de un punto a otro del entorno que utilice como medio único el movimiento corporal, total o parcial. Diferenciamos a:

a.1) Los **habituales**: Marcha y carrera adelante.

a.2) Los **no habituales**: El resto de los desplazamientos.

Si los **analizamos** vemos que se **caracterizan** por:

- La puesta en acción: comienzo del movimiento.
- El ritmo de ejecución: realización del desplazamiento a la velocidad adecuada.
- Los cambios de dirección: seguir con eficacia una trayectoria no

rectilínea.

- Las paradas: la detención del desplazamiento una vez cumplido el objetivo.
- La riqueza de sus modalidades.
- Sus **objetivos** están relacionados con llegar a un destino antes, en un determinado momento, etc. También con evitar y escapar de los demás o interceptar a otros o a objetos.

En cuanto a las **cualidades** requeridas, hay dos fundamentales: la coordinación y el equilibrio desde un punto de vista motor. Además están presentes los factores de ejecución de velocidad, potencia y flexibilidad, dependiendo del desplazamiento que practiquemos.

Ahora **analizamos** estos dos grupos, resaltando sus **características** más significativas.

a.1) Desplazamientos habituales

- La marcha. Producida por apoyos sucesivos y alternativos de los miembros inferiores sobre el suelo, sin que exista fase aérea entre ellos.
- *La carrera.* Desplazamiento producido por una sucesión alternativa de apoyos de los pies sobre la superficie de desplazamiento. Entre ambos existe una fase aérea.

a.2) Desplazamientos no habituales

- Gateo, cuadrupedia y tripedia. Desplazamientos producidos por más de dos puntos de apoyo. Mejoran mucho la tonicidad de los músculos dorsales.
- Reptaciones. Aquel desplazamiento en el que, utilizando como medio de propulsión los miembros superiores, los inferiores o todos a la vez, se mantiene un contacto total o parcial del tronco con la superficie de contacto.
- Trepas. Desplazamientos producidos por apoyos sucesivos, mediante los cuales el sujeto deja de estar en contacto con el suelo. Es habitual observarlo en las estructuras metálicas de parques comunales y escolares.
- Propulsiones. Desplazamientos producidos en el medio acuático. También se denominan así los desplazamientos que se realizan en silla de ruedas.
- Deslizamientos. Desplazamientos originados por una fuerza inicial del sujeto que se ve favorecido, con posterioridad, por la falta de rozamiento de la superficie sobre la que se desarrolla (pavimento liso, agua, nieve, hielo, etc.)

b) **Los saltos.**

Son movimientos súbitos producidos por la acción de uno o ambos miembros inferiores. El cuerpo del sujeto se aleja de la superficie de apoyo y posteriormente cae tras "volar". Si los **analizamos** vemos que se **caracterizan** por:

- En su ejecución se distinguen las fases: previa, impulso, vuelo y caída.
- Su diversidad: con o sin carrera previa, uso de una o dos piernas de batida, variación en las direcciones, etc. También saltos con superación o no de obstáculos: en altura, longitud y combinados.

- Los diversos tipos de **objetivos** que plantean: ganar distancia o altura, superar un obstáculo, alcanzar un objeto fuera del alcance directo, lanzar un móvil por encima de una barrera o mantener un esquema rítmico mediante saltos sucesivos.

- En cuanto a las **cualidades** requeridas, observamos a las de tipo **cuantitativo**: fuerza rápida (potencia) y velocidad gestual de diferentes segmentos corporales. Las **cualitativas**, son: equilibrio dinámico (reequilibrio); coordinación dinámica general y estructuración espacio temporal.

c) **Los giros.**

Son movimientos que comportan una rotación alrededor de cualquiera de los tres ejes que conforman el espacio euclidiano: vertical, antero-posterior y transversal. Si los **analizamos** vemos que se **caracterizan** por:

- Los movimientos alrededor del eje vertical producen rotaciones longitudinales: 90º, 180º, etc.; alrededor del eje antero-posterior generan giros laterales, como rondadas y ruedas laterales y alrededor del eje transversal originan volteos hacia delante y atrás.

- Tienen como objetivo permitir la orientación y situarse para conseguir una postura o acción determinada.

- Requieren las capacidades de coordinación dinámica general y equilibrio, así como flexibilidad.

- A nivel sensorial, dependen de la sensibilidad laberíntica, por lo que pueden producir mareos.

- La ejecución de diferentes giros educa el esquema corporal y la toma de conciencia del propio cuerpo, al ser éstos realizados en tres planos, con sus combinaciones, y al variar la base de sustentación o suspensión.

- En función del momento de arranque, los giros se pueden realizar desde la posición vertical normal, invertida, horizontal e inclinada. Teniendo en cuenta los apoyos, pueden ejecutarse en contacto constante con el suelo, con agarre constante de manos (balanceos en barra), en suspensión y con apoyos múltiples y sucesivos. Además, la dirección de giro tiene un sentido que puede ser adelante, atrás, derecha e izquierda.

d) **Las Destrezas: manipulaciones (lanzamientos y recepciones)**.

Son acciones efectuadas con los miembros superiores e inferiores y, ocasionalmente, con el resto del cuerpo. Si las analizamos, vemos que se **caracterizan** por:

- Requerir las capacidades de estructuración espacio-temporal, coordinación dinámica-general, óculo-segmentaria y lateralidad. En algunos casos, el individuo debe anticipar la trayectoria y la velocidad para que el móvil alcance su destino o colocarse en el sitio donde va a llegar aquél.

- Su relación con el aprendizaje de la lateralidad. Podemos distinguir lanzamientos bilaterales, laterales o de predominio lateral, además de con o sin impulso previo.

- **Lanzamientos**. Son manipulaciones en las cuales el sujeto arroja un móvil con una o dos manos o pies. Es la unión entre el campo visual y la motricidad del miembro que actúa. Su **objetivo** es incidir sobre el entorno a través del impacto con un objeto móvil.

    Se **caracterizan** por sus cuatro **fases**:

    - **Armado o Preparación**. Poner el móvil en el sitio deseado para iniciar la acción.
    - **Desarrollo o Impulsión**. La ejecución de la trayectoria segmentaria que produce el lanzamiento. De ella depende la dirección, velocidad, ángulo de salida, etc.
    - **Desprendimiento**. Es la pérdida del contacto con el objeto, con lo que se consuma el lanzamiento. Traspasar la fuerza acumulada en la fase anterior al móvil, provocando la salida de éste en las mejores condiciones posibles.
    - **Final**. Absorber toda la energía liberada durante el lanzamiento y favorecer el reequilibrio del cuerpo.

- *Recepciones. **Manipulaciones consistentes en recoger uno o más objetos, tanto si se encuentran en movimiento como estáticos (recogidas). Su** objeto **es tomar lo para su uso posterior. Distinguimos cuatro** fases:*

    - Colocación en el sitio preciso según la trayectoria y velocidad del móvil.
    - El contacto con el objeto.
    - La amortiguación, para que no se escape el móvil.
    - La preparación para acciones siguientes.

1.3.2. HABILIDADES GENÉRICAS.

Cañizares y Carbonero (2007), citando a Serra (1987, 1991), las definen como *"la combinación de dos o más básicas y son el siguiente escalón en cuanto a complejidad en la evolución y desarrollo de las habilidades motrices"*. Son acciones intermedias entre las básicas y específicas, por lo que son la base de las primeras y la base de las últimas Zagalaz, Cachón y Lara, (2014). No obstante es el profesor Serra quien las enuncia, basándose en los estudios de la U. Católica de Lovaina. Si las analizamos vemos que se **caracterizan** por:

- En sus prácticas hay ciertas reglas y estrategias, aunque muy generales, como ocurre en los juegos pre-deportivos.
- Es una ampliación de la motricidad de base con respuestas más enriquecedoras y complejas, que combinan varias básicas.
- Requieren un mayor grado madurativo.
- Son habilidades comunes a los deportes, aunque sin la técnica de éstos.

Serra (1987, 1991 y 1994) indica dos grandes grupos **clasificatorios**:

H. GENÉRICAS (**con** uso de móviles).	Botes, Golpeos, Pases, Tiros, Desvíos, Impactos, Conducciones, etc.
H. GENÉRICAS (**sin** uso de móviles.)	Marcajes, Desmarques, Bloqueos, Pantallas, Pivotes, Fintas, etc.

Nos centramos en el análisis de las más **comunes**:

- **Pases.** Es desprenderse de un móvil con la finalidad de hacerlo llegar a otro sujeto. Se caracterizan por el cálculo de distancias y trayectorias y la implicación de la coordinación óculo-segmentaria.

- **Conducciones**. Son manipulaciones producidas por un sujeto dirigiendo sucesivamente un objeto móvil (pelota por ejemplo), con la finalidad de desplazarlo por el espacio, utilizando la acción directa de algún segmento corporal o, indirectamente, mediante el uso de algún implemento. Se diferencia de los golpeos en que no se pierde el control del móvil. Las conducciones con los miembros superiores suelen realizarse con el empleo de un instrumento (stick, etc.). Es muy común en deportes tales como fútbol y hockey.

- **Impactos**. Serra (1987, 1991 y 1994), indica que son manipulaciones de un móvil con la ayuda de un instrumento (bate, raqueta, etc.) para impulsarlo o cambiar su trayectoria anterior. Puede ser sobre un móvil estático o en movimiento y el alumno puede estar estático o dinámico y variar el instrumento empleado. Otros autores asimilan los impactos a los golpeos.

- **Golpeos**. Serra (1987, 1991 y 1994), señala que es una habilidad por la que se tiene un encuentro violento y a veces repentino con un objeto. Se diferencia del impacto en que no existe instrumento. Se suceden tres fases durante la realización de la habilidad: preparación y ajuste, contacto y acompañamiento.

- **Botes**. Se fundamentan en el impulso que experimentan los móviles elásticos al chocar contra una superficie rígida. Como habilidad genérica surge de la unión de las destrezas básicas de lanzar y recepcionar en situación estática. Cuando es dinámica, se añade un desplazamiento. Se realiza a través de dos fases:

    - Impulso. Lanzamiento del móvil a la superficie dura, con la mano, para que rebote y vuelva a ella.

    - Contacto. Recepción sin aprehensión. El móvil y la mano están un tiempo mínimo en contacto para imprimir un nuevo impulso.

- **Finta**. Es un gesto de engaño al oponente para situarse en posición ventajosa. Suele haber cambio de ritmo y dirección. Se basan en los desplazamientos y sus posibilidades espaciales y temporales. Cuando se producen con un móvil se denominan regate, pivote, dribling, etc. En su **análisis** vemos que hay tres fases: parada, engaño y superación.

- **Paradas.** Se basan en las recepciones, pero sin que exista captura. Las paradas se realizan con los miembros superiores utilizando instrumentos -stick- o con las manos sin retener el móvil -portero de fútbol-. También con los miembros inferiores, básicamente el pie (fútbol). Consta de las mismas fases que las recepciones, pero sin que exista detención del móvil.

- **Interceptaciones**. Es el gesto de desviar la trayectoria de un móvil antes de que llegue al destino que tenía previsto. Aunque se puede realizar con cualquier parte del cuerpo, los segmentos más indicados son las manos y los pies. Una variante de las interceptaciones son los desvíos: golpeo o impacto sobre un móvil en movimiento, sin precisar su lugar de destino. Se producen siempre sobre móviles y son propios de los porteros de los deportes de equipo.

Otras:

Pantalla, bloqueo, marcaje y desmarcaje, tiro, pivote, etc.

1.4. HABILIDAD Y DESTREZA MOTRIZ. CLASIFICACIÓN.

Las clasificaciones de las habilidades cumplen un objetivo claro de **ordenamiento** (Singer, 1986). Tradicionalmente han sido prolijas y dispersas, dependiendo de la perspectiva o del autor (Oña, 2005). Por ejemplo, la participación corporal, la duración del movimiento, las condiciones del ambiente, el nivel de control que el sujeto ejerce sobre la tarea, la participación del S.N.C., etc. Para facilitar su estudio y de la misma manera que hemos procedido en otros temas, las resumimos en una tabla "flash" con palabras "claves".

CLASIFICACIÓN DE LAS HABILIDADES Y DESTREZAS.	
AUTORES	**PALABRAS-CLAVE**
POULTON	Grado de control del individuo sobre el ambiente: cerradas y abiertas
FITTS Y POSNER	Por su origen: adquiridas o innatas
FITTS, POSNER Y OTROS	Por la organización temporal: discretas, seriadas y continuas
FITTS	Por el sistema sujeto-tarea antes de la acción: si están parados o en movimiento
KNAPP	Por el grado de participación cognitiva: habituales y perceptivas
CRATTY	Grado de participación corporal: globales y finas
SINGER	Por el control del sujeto sobre la habilidad: regulación externa, auto y mixta
RIERA	En función de las relaciones de oposición-colaboración.
SÁNCHEZ BAÑUELOS	Según su jerarquía: perceptivas, básicas y específicas
SERRA	Cada edad se corresponde con una habilidad: perceptivas, básicas, genéricas, específicas y especializadas.
BATALLA	Distingue las motrices básicas y las específicas o deportivas.
RIERA	Relación persona-entorno: básicas, técnicas, tácticas, estratégicas, interpretativas

a) POULTON, (1957)

Atiende al grado de **control** del movimiento que el individuo tiene sobre el ambiente.

- **Habilidades cerradas**. Caracterizadas por la estabilidad del medio y por una misma información. Por ejemplo, salto de altura, salida de velocidad.

- **Habilidades abiertas**. Hay muchos estímulos y fluctuación permanente de las condiciones ambientales. Por ejemplo, judo, bádminton, esquí, etc.

b) **FITTS Y POSNER, (1967)**

Las clasifican según su **origen**.

- **Habilidades adquiridas** por el aprendizaje. Por ejemplo, jugar a rugby.
- **Habilidades innatas**, patrones básicos de la estructura genética. Por ejemplo, saltar.

c) **FITTS Y POSNER Y OTROS, (1968)**

Según la forma de **organización temporal** o su **fluidez**.
- **Habilidades discretas**. Tienen un principio, un desarrollo y un final rápido y muy marcado. Se conoce el principio y el final y no tienen posibilidad de cambio, aunque lo que varía es la rapidez en su ejecución. Entre una realización y la siguiente existe un espacio de tiempo. Por ejemplo, lanzamiento de dardos, tiro de personal, etc.
- **Habilidades seriadas**. Son cíclicas, repiten la secuencia del movimiento y el individuo sólo puede incidir en la velocidad. Por ejemplo, nadar o carrera de 110 m. vallas.
- **Habilidades continuas**. No se repiten, no hay ciclo y son fluidas porque sus intervalos apenas si son perceptibles, siendo muy difícil averiguar el principio y el final de cada ciclo. Pueden alargarse, pero no de forma cíclica, sino variando el ritmo o la dirección. Por ejemplo, deslizarse por una pista de esquí, conducir un balón en fútbol, etc.

d) **FITTS, (1975)**

Estudia la relación entre "**sujeto-tarea**" antes de realizar la acción:

- Sujeto y objeto inicialmente **estacionarios**: coger un objeto del suelo desde la posición de pie.
- Sujeto quieto y objeto en **movimiento**: recibir un pase desde una posición estática.
- Sujeto en movimiento y objeto **estacionario**: dar un pase en carrera a un compañero que está parado.
- Sujeto y objeto en **movimiento**: dar un pase en carrera a un compañero que se encuentra corriendo.

e) **B. KNAPP, (1981)**

Las clasifica según las condiciones o **estabilidad** del entorno.

- **Habilidades habituales**. Las condiciones del entorno son siempre las mismas, por lo que no tienen problemas de percepción fluctuante. Por ejemplo, el salto del potro, nadar, etc.
- **Habilidades perceptivas**. El sujeto necesita acomodar la tarea para realizar la habilidad debido a los cambios que se producen en el entorno. Por ejemplo, tenis, voley, etc.

f) CRATTY, (1982)

Las clasifica según su grado de **participación corporal** y grado de **precisión** o número de grupos musculares implicados.

- **Habilidades Globales**. Implican a todo el cuerpo y esfuerzo físico. Por ejemplo, nadar.
- **Habilidades Finas**. Involucran pocos segmentos y manipulaciones de objetos. Gran esfuerzo motor, precisión. Por ejemplo, lanzamiento de dardos, malabares, etc.

g) SINGER, (1986)

Las clasifica según el **control** del sujeto sobre la habilidad. Sintetiza las de Knapp y Poulton:

- **Habilidades** donde la tarea necesita de **regulación externa**. Están en función de los estímulos cambiantes. Similares a las abiertas. Por ejemplo, saltos al ritmo que marca el docente.
- **Habilidades** donde las tareas se **autorregulan**. Son habituales y similares a las cerradas. Por ejemplo, correr libremente.
- **Habilidades** donde la tarea necesita una **regulación mixta**. Hay varias ordenaciones según el grado de control del sujeto sobre la acción. Por ejemplo, deslizarse por una pista de esquí.

h) RIERA, (1989)

Las clasifica en función de las relaciones de **oposición-colaboración**. En ciertas habilidades deportivas se dan diferentes relaciones entre el jugador, sus compañeros y los oponentes:

- **Sin oposición ni colaboración**. En deportes individuales como natación, esquí, etc.
- **Con colaboración y sin oposición**. La relación se establece con los compañeros, por ejemplo, pasarse el testigo en relevos, etc.
- **Con oposición y sin colaboración**. En los deportes de adversarios y en muchas situaciones de los deportes de equipo, como evitar una proyección de judo.
- **Con oposición y con colaboración**. Cuando se dan todas las relaciones posibles dentro de este criterio. Driblar a un oponente con el apoyo del compañero que hace el bloqueo en baloncesto, hacer una pared en fútbol, etc.

i) SÁNCHEZ BAÑUELOS, (1992)

Las clasifica según su **jerarquía** en:

- **Habilidades perceptivas**: Percepción de uno mismo, espacio y tiempo.
- **Habilidades y destrezas básicas**: Desplazamientos, saltos, giros, lanzamientos y recepciones.
- **Habilidades específicas**: Los movimientos especiales de los deportes.

k) **SERRA, (1987, 1991 y 1994) y ZAGALAZ, CACHÓN Y LARA, (2014).**

Las clasifica basándose en los estudios de Gallahue (1985) sobre la "integración de las acciones", es decir, hay un tiempo (edad) en el que se producen habilidades diferentes.

- **Habilidades Perceptivas.** La percepción como base de todo movimiento: corporal, espacial y temporal. (Hasta 6 años).
- **Habilidades y Destrezas Básicas.** Movimientos fundamentales formados por: Desplazamientos, saltos, giros, lanzamientos y recepciones. (De 6 a 9 años).
- **Habilidades Genéricas.** Gestos comunes a muchos deportes y compuestos de varias habilidades básicas: fintas, botes, marcajes, etc. (9 y 11 años).
- **Habilidades Específicas.** Las deportivas, los elementos técnicos de un deporte reglamentado: tiro a canasta, reverso, remate de fútbol, etc. (A partir de los 11 años).
- **Habilidades Especializadas.** A partir de los 14-15 años y, obviamente, no se aplican en Primaria. Son aspectos concretos de las específicas y surgen con la aparición de jugadores especialistas en determinadas acciones del juego. Por ejemplo, el juego del portero de balonmano, el del rematador de voleibol, etc.

l) **BATALLA, (2000)**

Distingue, en su estudio clasificatorio, a las de base y deportivas:

- **Habilidades Motrices Básicas.** Desplazamientos habituales (marchas y carreras) y no habituales (activos y pasivos). Saltos, giros y manejo y control de objetos (con todas las zonas corporales).
- **Habilidades Específicas.** Las correspondientes a los deportes.

ll) **RIERA, (2005)**

Resalta en su amplio estudio clasificatorio una serie de habilidades para el **alumnado**, destacando su **relación global con el entorno** y no únicamente la motriz:

- **H. Básicas.** Las referidas a los objetivos de equilibrarse, trepar, nadar, estirar, etc.
- **H. Técnicas.** Las que tienen como objetivo chutar, lanzar, seguir un ritmo, etc.
- **H. Tácticas.** Persiguen simular, ayudar, sorprender, pasar, etc.
- **H. Estratégicas.** Pretenden seguir pautas, cumplir normas, etc.
- **H. Interpretativas.** Relacionadas con el análisis del movimiento, valoración de esfuerzos, entre otras.

2. TAREAS MOTRICES. CONCEPTO, ANÁLISIS Y CLASIFICACIÓN.

Para Ruiz Pérez (1995), el término "tarea" es habitual en el contexto de la Educación Física. Otros lo **asimilan** al de "habilidad", sobre todo algunos traductores de autores extranjeros.

Chinchilla y Zagalaz (2002), por ejemplo, diferencian "*tarea*", o actividad aislada de una clase, de la "*macrotarea*", que es el sumatorio de todas las tareas presentes en una sesión, con contenidos similares que buscan conseguir un objetivo didáctico.

2.1. TAREAS MOTRICES. CONCEPTO.

En la literatura especializada existe cierta confusión con los términos habilidad-tarea, sus clasificaciones, etc. Cañizares y Carbonero (2007), citando a Serra, (1987, 1991 y 1994) y a Garrote y otros (2003), indican que "*Tarea Motriz es aquello que se va a realizar, el planteamiento: << tienes que hacer esto...>>*". "*Actividad Motriz es lo que se realiza, los movimientos y acciones lúdicas que hace el alumnado*". Es decir, "*las tareas motrices de aprendizaje son propuestas que hace el profesor entorno a un contenido*".

La **secuencia** que hace un docente, es:

2.2. TAREAS MOTRICES. ANÁLISIS Y CLASIFICACIÓN.

El análisis establece procedimientos para **identificar** las características específicas de la tarea que deseemos aplicar, manipulando y controlando sus elementos o componentes (Fernández -coord- 2002).

Blázquez (1986), indica que diseñar una tarea **implica** preparar el medio, los recursos a utilizar, los recorridos, etc., además de dar más o menos instrucciones en cuanto a la forma de ejecutarla, los recursos a utilizar, etc. Por ejemplo, para un salto de longitud tendremos en cuenta el tipo de pavimento, las señales a poner, la carrera de aproximación, la última zancada, la batida/vuelo/caída, etc.

Por su parte Galera (2001), citando a Ruiz Pérez (1995), siguiendo la línea de Blázquez (1986), indica tres características didácticas de las tareas:

- **Finalidad**. Tiene la intención de alcanzar un objetivo concreto.
- **Obligatoriedad**. El practicante debe hacerla para aprender una habilidad.
- **Organización**. Debemos presentarla con orden, método y recursos adecuados.

Las Tareas Motrices tienen dos tipos de **exigencias**, las relacionadas con los elementos **perceptivos y coordinativos/equilibradores** por un lado, y las de índole **física** por otro. Ahora bien, no podemos olvidarnos de las de orden **socio afectivo**.

En cuanto a su **clasificación**, se han realizado varios intentos basándose los autores en diversos criterios o perspectivas. Creemos más oportuno estudiarlas siguiendo **dos** modelos **clasificatorios** con su correspondiente **análisis**. Primero veremos el de Famose (1992), del INSEP de París y después el de Sánchez-Bañuelos (1992), del INEF de Castilla-La Mancha.

- **Modelo de Famose (1992).**

Determina el análisis basándose en **dos** nociones: **Naturaleza** y **Complejidad**

a) **Naturaleza** hace referencia al tipo y nivel de recursos o **fuentes** que son necesarios para realizarlas. Siguiendo esta noción las agrupa en tres categorías:

- o Bio-informacionales: tareas basadas en las percepciones.
- o Bio-energéticas: tareas donde la condición física es importante.
- o Afectivas: expresión, acciones grupales, cooperativas, socio-afectivas, etc.

b) **Complejidad**, que está vinculada a la mayor o menor claridad con que los "elementos" de la tarea motriz son presentados al alumnado, es decir, la **cantidad de información** que le damos al practicante. Estos elementos son:

- o Objetivos a conseguir.
- o Criterios de éxito.
- o Consignas sobre la disposición y utilización del material.
- o Consignas sobre las modalidades de acción a realizar en las actividades.

Para Famose, si no están presentes estos elementos no hay tarea y en base a la forma en que se organizan surge el término "*Arquitectura de la Tarea Motriz*", que es la estructura **interna** que presentan sus elementos. Partiendo de esta idea ofrece una forma de análisis atendiendo a la mayor o menor **complejidad**, que puede alcanzar cada uno de los elementos de la estructura interna de la tarea y en función de la incertidumbre con que es presentada al alumno. A partir de aquí agrupa las tareas en **tres** categorías (Fernández -coord- 2002):

- o **Tarea motriz definida**: cuando el objetivo a conseguir, la disposición del material, los criterios de éxito y modalidades de trabajo están perfectamente claras. Relacionadas con la instrucción directa.
- o **Tarea motriz semidefinida**: cuando uno de los elementos no está especificado con total claridad. Son propias del descubrimiento guiado.
- o **Tarea motriz no definida**: cuando no se especifica con claridad los criterios de actuación con relación a cada uno de los elementos de la estructura interna de la tarea, animando al alumnado a actuar sobre los objetos. Propia de una metodología exploratoria.

- **Modelo de Sánchez Bañuelos (1992).**

Este autor determina la necesidad de un análisis de las tareas según la complejidad de los diversos **mecanismos** implicados en su realización, siempre fundamentado en los modelos de Procesamiento de la Información. Eso le lleva a clasificar las tareas en **tres** grandes grupos:

a) **Tareas con dificultad en la percepción**.
Implican la codificación de una multitud de estímulos de tipo sensorial, por ejemplo espacio, tiempo, trayectorias, etc.; relacionar esta información con otra ya existente y almacenada en la memoria para que el individuo extraiga un significado útil de la misma en un contexto espacio temporal. Por ejemplo, recorrido de un circuito con carreras en zig-zag, saltos, etc.

b) **Tareas con dificultad de decisión o cognitiva**.
El mecanismo de decisión es la forma de resolver rápida y eficientemente la respuesta motriz más correcta en la tarea propuesta. Por ejemplo, en los juegos pre-deportivos y deportivos, entre otros, cada individuo tiene que procesar numerosas informaciones espaciales y temporales continuamente para dar la respuesta inmediata y adecuada a cada situación. Por ejemplo, en el juego popular de los "10 pases": ¿quién está mejor posicionado para pasarle la pelota?

c) **Tareas con dificultad en la ejecución y control**.
Este tipo de tareas dependen de la coordinación neuromuscular y de la condición física, así como del control del movimiento que posea el individuo. Por ejemplo, salto del caballo.

Podemos afirmar que todas las tareas tienen cierta dosis de exigencia sobre los **tres mecanismos** de la cadena sensorio-motriz, aunque incidirán más en alguno.

3. ACTIVIDADES PARA SU DESARROLLO.

El desarrollo de las habilidades es un complejo proceso en el que interviene la maduración y la experiencia, por lo que debemos ofrecer oportunidades a nuestro alumnado para que las adquieran (Gutiérrez, 2004).

Nos centramos en las actividades para el desarrollo de las Habilidades y Destrezas Básicas y Genéricas, a través de un cuadro-resumen original de Serra (1987, 1991 y 1994) y desarrollado por Garrote y otros (2003), además de las aportaciones de Ureña y otros (2006) y Batalla (2011).

GRUPOS DE H. Y D. BÁSICAS	ACTIVIDADES PARA SU DESARROLLO. JUEGOS DONDE EXISTAN...
DESPLAZAMIENTOS	- Marcha y carrera - Cuadrupedia y tripedia - Trepa y descenso - Deslizamientos - Propulsiones - Transportes
SALTOS	- Longitud y altura - Con o sin apoyo intermedio - Diferentes batidas - Diferentes gestos en el aire - Diferentes caídas - Varios medios y alturas
GIROS	- Tres ejes y sus combinaciones - Apoyos para el giro - Presas para el giro - Suspensiones para el giro
LANZAMIENTOS	- De precisión, de velocidad - Varias trayectorias - En suspensión - Con varios objetos - Estáticos o dinámicos
RECEPCIONES	- Estáticas o dinámicas - Con uno o varios segmentos - Variar los objetos - En apoyo o en suspensión - Varias orientaciones
GRUPO DE H. GENÉRICAS	- El Juego Popular integra a la mayoría de ellas: "Poli y Ladro", "Balón-Tiro", "Corta-hilos", "Pídola", "Pies quietos", "El pañuelo", etc.

En la programación de las tareas motrices debemos tomar en consideración las siguientes pautas **metodológicas**.

- **Variedad**. Ofrecer estímulos motores variados que contribuyan a su enriquecimiento, y a partir de los cuales, conozca, experimente y explore.

- **Significación**. Los estímulos debemos relacionarlos con sus necesidades.

- **Participación**. Organizarlas para que no haya largas esperas.

- **Actividad**. Las tareas deben demandar la máxima actividad e implicación cognitivas.

- **No sexistas**. Cuidar las tareas para que no estén contaminadas de algún elemento sexista.

- **Indagación**. Las tareas debemos plantearlas hacia la indagación y la creación.

- **Progresión**. Deben combinar lo lúdico con pequeños retos de dificultad progresiva.

- **Seguridad**. Que no supongan peligro.

- **Globalidad**. Debemos integrar los componentes motores con los de otras áreas.

Las habilidades motrices pueden **valorarse** a través de escalas de evaluación, que permiten tender un puente entre una evaluación cualitativa, basada en la apreciación subjetiva de la adecuación del movimiento a propósitos concretos, y las posibilidades de cuantificación que ofrecen los test y pruebas convencionales de carácter cuantitativo (Fernández y otros 2007).

CONCLUSIONES

En este Tema hemos visto la importancia de la habilidad motriz en el currículo de Primaria y de cómo un buen trabajo de las habilidades y destrezas básicas va a ser fundamental para el desarrollo físico, psíquico y social del alumnado. La habilidad puede estudiarse desde muchos puntos de vista tal y como hemos podido comprobar en la múltiples clasificaciones existentes en la literatura deportiva. También debemos señalar la importancia que le otorga el D.C. de Andalucía a la construcción de la habilidad motriz a lo largo de la Etapa. Por otro lado hemos diferenciado a tarea de habilidad, tratando diversos puntos de vista sobre la misma.

En la etapa de la Educación Primaria la Educación Física permite a los estudiantes explorar su potencial motor a la vez que desarrollan las competencias motrices básicas. Eso implica movilizar toda una serie de habilidades motrices, actitudes y valores en relación con el cuerpo, a través de situaciones de enseñanza-aprendizaje variadas, en las que la experiencia individual y la colectiva en los diferentes tipos de actividades permitan adaptar la conducta motriz a los diferentes contextos. En esta etapa, la competencia motriz debe permitir comprender su propio cuerpo y sus posibilidades y desarrollar las habilidades motrices básicas en contextos de práctica, que se irán complicando a medida que se progresa en los sucesivos cursos. Las propias actividades y la acción del docente ayudarán a desarrollar la posibilidad de relacionarse con los demás, el respeto, la colaboración, el trabajo en equipo, la resolución de conflictos mediante el diálogo y la asunción de las reglas establecidas, el desarrollo de la iniciativa individual y de hábitos de esfuerzo.

BIBLIOGRAFÍA

- ARRÁEZ, J. M.; LÓPEZ, J. M.; ORTIZ, Mª M. y TORRES, J. (1995). *Aspectos básicos de la Educación Física en Primaria. Manual para el Maestro.* Wanceulen. Sevilla.
- BATALLA, A. (2000). *Habilidades Motrices.* INDE. Barcelona.
- BATALLA, A. (2011). *Criterios para la optimización del aprendizaje de las habilidades Motrices.* Revista Tándem, nº 37. Barcelona.
- BUENO, M.; DEL VALLE, S.; DE LA VEGA, R. (2011). *Los contenidos perceptivomotrices, las habilidades motrices y la coordinación.* Virtual Sport. Segovia.
- CAÑIZARES, J. Mª (1999). *200 Juegos y ejercicios por Tríos para el desarrollo de las Habilidades Básicas.* Wanceulen. Sevilla.
- CAÑIZARES, J. Mª. (1996). *400 Juegos y Ejercicios por Parejas para el desarrollo de las Habilidades Básicas.* Wanceulen. Sevilla.
- CAÑIZARES, J. Mª y CARBONERO, C. (2007). *Temario de oposiciones de Educación Física para Primaria.* Wanceulen. Sevilla.
- CHINCHILLA, J. L. y ZAGALAZ, M. L. (2002). *Didáctica de la Educación Física.* CCS. Madrid.
- CEPERO, M. (2000). *Las habilidades motrices y su desarrollo.* En ORTIZ, Mª M. (coord.) *Comunicación y lenguaje corporal.* Proyecto Sur Ediciones. Granada.
- CONDE, J. L. y VICIANA, V. (2001). *"Fundamentos para el desarrollo de la motricidad en edades tempranas".* Aljibe. Málaga.

- CONTRERAS, O. (2004). *Didáctica de la Educación Física*. INDE. Barcelona.
- CRATTY, B. J. (1982). *Desarrollo perceptual y motor en los niños*. Paidós. Buenos Aires.
- DÍAZ LUCEA, J. (1999). *La enseñanza y el aprendizaje de las habilidades y destrezas básicas*. INDE. Barcelona.
- FAMOSE, J. P. (1992). *Aprendizaje motor y dificultad de la tarea*. Paidotribo. Barcelona.
- FERNÁNDEZ GARCÍA, E. -coor.- (2002). *Didáctica de la Educación Física en la Educación Primaria*. Síntesis. Madrid.
- FERNÁNDEZ GARCÍA, E.; GARDOQUI, M. L.; SÁNCHEZ BAÑUELOS, F. (2007). *Evaluación de las habilidades motrices básicas*. INDE. Barcelona.
- FITTS, P. y POSNER, M. (1968). *El rendimiento humano*. Marfil. Alcoy.
- GALERA, A. (2001). *Didáctica de la Educación Física (I)*. Paidós. Barcelona.
- GARROTE, N., CAMPOS, J. y NAVAJAS, R. (2003). *Diseño y desarrollo de tareas motoras*. Dirección General de Deportes. Comunidad Autónoma. Madrid.
- GIL MADRONA, P. (2003). *Diseño y desarrollo curricular en educación física y educación infantil*. Wanceulen. Sevilla.
- GIMÉNEZ, F. J. (2003). *Fundamentos básicos de la iniciación deportiva en la escuela*. Wanceulen. Sevilla.
- GUTIÉRREZ, M. (2004). *Aprendizaje y desarrollo motor*. Fondo Editorial San Pablo Andalucía (CEU). Sevilla.
- HERNÁNDEZ, J. L. y VELÁZQUEZ, R. (2004). *La evaluación en Educación Física*. Graó. Barcelona.
- JUNTA DE ANDALUCÍA (2007). *Ley 17/2007, de 10 de diciembre, de Educación en Andalucía*. (L. E. A.) B.O.J.A. nº 252, de 26/12/2007.
- JUNTA DE ANDALUCÍA (2010). *Decreto 328/2010, por el que se aprueba el Reglamento Orgánico de las escuelas infantiles de segundo grado, de los colegios de educación infantil y primaria, de los colegios de educación primaria, y de los centros públicos específicos de educación especial*. BOJA nº 139, de 16/07/2010.
- JUNTA DE ANDALUCÍA (2015). *Decreto 97/2015, de 3 de marzo, por el que se establece la ordenación y el currículo de la educación Primaria en la comunidad Autónoma de Andalucía*. BOJA nº 50 de 13/03/2015.
- JUNTA DE ANDALUCÍA (2015). *Orden de 17 de marzo de 2015, por la que se desarrolla el currículo correspondiente a la educación Primaria en Andalucía*. BOJA nº 60 de 27/03/2015.
- JUNTA DE ANDALUCÍA (2015). *Orden de 04 de noviembre de 2015, por la que se establece la ordenación de la evaluación del proceso de aprendizaje del alumnado de educación primaria en la Comunidad Autónoma de Andalucía*. B.O.J.A. nº 230, de 26/11/2015.
- KNAPP, B. (1981). *La Habilidad Motriz en el Deporte*. Miñón. Valladolid.
- LAWTHER, J. D. (1993). *Aprendizaje de las habilidades motrices*. Paidotribo. Barcelona.
- MC CLENAGHAN, B. y GALLAHUE, D. (1985). *Movimientos fundamentales*. Médica Panamericana. Buenos Aires.
- M. E. C. (2006). *Ley Orgánica de Educación (L.O.E.) 2/2006, de 3 de mayo, de Educación*. B. O. E. nº 106, de 04/05/2006, modificada en determinados artículos por la LOMCE/2013.
- M. E. C. (2013). *Ley Orgánica 8/2013, de 9 de diciembre, para la mejora de la calidad educativa. (LOMCE)*. B. O. E. nº 295, de 10/12/2013.
- M. E. C. (2014). *Real Decreto 126/2014, de 28 de febrero, por el que se establece el currículo básico de la Educación Primaria*. B. O. E. nº 52, de 01/03/2014.
- M.E.C. (2015). *Orden ECD/65/2015, de 21 de enero, por la que se describen las relaciones entre las competencias, los contenidos y los criterios de*

evaluación de la educación primaria, la educación secundaria obligatoria y el bachillerato. B.O.E. nº 25, de 29/01/2015.
- OÑA, A. -Coor.-. (1999). *Control y aprendizaje motor*. Síntesis. Madrid.
- OÑA, A. (2005). *Actividad física y desarrollo: ejercicio físico desde el nacimiento*. Wanceulen. Sevilla.
- POULTON, E. C. (1957). On prediction in skilled movement. *Psicological bullletin*, 54, 467-478.
- RIERA, J. (1989). *Fundamentos del aprendizaje de la técnica y táctica deportiva*. INDE. Barcelona.
- RIERA, J. (2005). *Habilidades en el deporte*. INDE. Barcelona.
- RIGAL, R. (2006). *Educación motriz y educación psicomotriz en Preescolar y Primaria*. INDE. Barcelona.
- RUIZ PÉREZ, L. M. (1995). *Aprendizaje de las habilidades motrices y deportivas*. Gymnos. Madrid.
- RUIZ PÉREZ, L. M. (2000). *Deporte y aprendizaje. Procesos de adquisición y desarrollo de habilidades*. Visor. Madrid.
- RUIZ PÉREZ, L. M. (2001) -coord.- *Desarrollo, comportamiento motor y deporte*. Síntesis. Madrid.
- SÁNCHEZ BAÑUELOS, F. (1992). *Bases para una didáctica de la Educación Física y el Deporte*. Gymnos. Madrid.
- SÁNCHEZ BAÑUELOS, F. y FERNÁNDEZ GARCÍA, E. -coor.- (2003). *Didáctica de la Educación Física para Primaria*. Prentice Hall. Madrid.
- SERRA, E. (1987). *Habilidades desde la base al alto rendimiento. Actas del Congreso de Educación Física y Deporte de Base*. F.C.C.A.F.D. Granada.
- SERRA, E. (1991). *Apuntes de Educación Física de Base*. Documento multicopiado. F.C.C.A.F.D. Granada.
- SERRA, E. (1994). *Documento del "Curso sobre Habilidad y Destreza"*. Apuntes del curso. CEP. de Sevilla.
- SINGER, R. (1986). *El aprendizaje de las acciones motrices en el deporte*. Hispano-Europea. Barcelona.
- TRIGUEROS, C. y RIVERA, E. (1991). *La Educación Física de Base en la Enseñanza Primaria*. C. E. P. Granada.
- UREÑA, N.; UREÑA, F.; VELANDRINO, A. y ALARCÓN, F. (2006). *Las habilidades motrices básicas en Primaria. Programa de intervención*. INDE. Barcelona.
- VELÁZQUEZ, A. y MARTÍNEZ, A. (2005). *Desarrollo de habilidades a través de materiales alternativos*. Wanceulen. Sevilla.
- WICKSTROM, R. (1990). *Patrones motores básicos*. Alianza. Madrid.
- ZAGALAZ, Mª L.; CACHÓN, J.; LARA, A. (2014). *Fundamentos de la programación de Educación Física en Primaria*. Síntesis. Madrid.

WEBGRAFÍA (Consulta en octubre de 2015).

http://www.agrega2.es
http://recursos.cnice.mec.es/edfisica/
http://recursos.cnice.mec.es/edfisica/
http://www.ite.educacion.es/es/recursos
http://www.gobiernodecanarias.org/educacion/webdgoie/
http://www.educastur.es
http://www.adideandalucia.es
http://recursostic.educacion.es/primaria/ludos/web/index.html
www.juntadeandalucia.es/educacion/descargasrecursos/curriculo-primaria/index.html

www.ingramcontent.com/pod-product-compliance
Lightning Source LLC
Chambersburg PA
CBHW080458170426
43196CB00016B/2860